Es gibt eine Magie, die kann nur jener geben

der sie auch bis ins innerste lebt …

es ist die Magie des Liebens und Lebens …

es ist der Zauber jener Menschen,

die einfach sie selbst sind, pur und unverfälscht,

frei von fremden Stempeln.

Es sind diese Seelen, für die es kein Schema gibt,

die sich in keinerlei Schublade

verstauen und wegschließen lassen.

Es sind jene Menschen, die ihre eigene Magie leben

und voller Liebe in die Welt tragen.

© Erika Flickinger

INHALT

Die Magie der erwachten Frau

Erika Flickinger

ISBN-10: 1523455233
ISBN-13: 978-1523455232

Mein Dank gilt all denen, die mir mit ihren Reaktionen auf meine Texte, oder während unseren Gesprächen, Mut machten, auf dem Weg des Schreibens zu bleiben. Danke!

1 Die Heilerin und weise Frau

Bewahrte Momente

Die weise Frau erkennt, dass jeder Moment,

so schön oder schwer er auch ist,

nur ein vergangener Atemzug der Zeit ist,

und dass jede neu geborene Sekunde

die Kraft der Veränderung in sich trägt.

Jedweder Augenblick lebt nur,

die Dauer eines Wimpernschlages an Zeit.

Es liegt an Ihr, wie lange Sie ihn fühlt,

und ob er Ihren Lebensweg bestimmt,

denn Ihr ist auch bewusst,

dass jeder folgende Moment,

die Chance in sich trägt,

ihn anders zu sehen und zu fühlen.

Sie weiß, dass jede einzelne Sekunde,

für Sie einen Neuanfang gebären kann,

oder sich in eine gefühlte Ewigkeit verwandelt.

Die weise Frau erkennt in jeder einzelnen Sekunde,

die Chance auf die Veränderlichkeit des Lebens.

So wird Sie wissend nur jene Momente bewahren,

die ihr auch in der stillen Rückschau,

die Möglichkeit zum Wandel erschließen.

Alle anderen Momente übergibt Sie

der heilenden Kraft der vergangenen Zeit.

Weise Worte

Die weise Frau steht immer nackt vor dir …

Sie verbirgt nichts und zeigt sich dir,

offen und verwundbar, wie Sie ist.

Ihre Ehrlichkeit allem Leben gegenüber

macht Sie verletzbar und sanft.

Und doch ist es gerade dieses Offensein,

dass ihr diese Stärke gibt, die andere suchen.

Sie spielt nicht mit den Emotionen anderer,

da Sie ihre eigenen Gefühle achtet und ehrt,

erweist Sie jeder Seele die gleiche Achtung.

Eine Frau des alten Stammes ist ehrlich,

doch wägt Sie ihre Worte sorgfältig ab,

Sie weiß, nicht jedes Wort ist geboren,

um gesprochen zu werden und erkennt

die Kraft des Verletzens hinter den Worten.

Die weise Frau spricht wenig, doch was Sie sagt

trägt Heilung, Liebe und Achtung in sich.

Sie schenkt dir bedacht nur solche Worte,

die in deiner Seele Wurzeln schlagen können.

Im Stillen wirken

Die, die ihre Gaben im Stillen wirken lassen sind es,

die nachhaltig in der Welt wirken.

Jene die nicht an die große Glocke hängen,

was in ihnen vorgeht, sondern es (vor)leben,

ohne Beifall erheischen zu wollen, sind es,

die in die Herzen anderer sprechen.

Die Seelen, die um ihre Kraft wissen,

ohne dafür Applaus einfordern zu wollen,

sondern sie in den Dienst anderer stellen,

sind es, die Seelen berühren,

und nachhaltig etwas bewirken.

Jene, welche ihr eigenes Feuer hüten,

ihrer Flamme Stärke verleihen, indem sie diese

stillschweigend mit anderen teilen,

um deren Feuer wiederzuerwecken, sind es,

die Spuren in den Herzen hinterlassen.

Schweigende Worte

Sie wird dich nie nach deinen Worten beurteilen,
denn Sie lauscht dir, nicht deinen Sätzen.
Ihre Art zuzuhören ist eine andere.
Sie lauscht deinen vielsagenden Blicken,
sieht was deine Gesten zu sagen versuchen,
hört die Worte, und Geschichten,
die dein Körper schweigend spricht.
So versteht Sie alles, was deine Seele sagen will,
wo dein Mund nur wortreich überdeckt,
was wirklich aus deinem Innersten fließen will.

Die wahre Bestimmung

Nichts was wichtig ist, war je verloren.

Alles was Sie zu Ihrer Entwicklung braucht,

lebt in großer Fülle in Ihr und um Sie herum.

Einzig Wachsamkeit und ein offenes Herz,

die Bereitschaft auf die Zeichen zu achten,

den Wünschen Ihrer Seele zu lauschen,

sind für Sie von tragender Wichtigkeit,

um in Ihre wahre Bestimmung hineinzuleben.

Licht und Schatten

Sie nennt sich nicht Lichtarbeiter,

denn Sie lebt beides in sich.

Um Ihre inneren Pole zu vereinen,

mit sich selbst im Gleichgewicht zu sein,

braucht sie beide Seiten des Seins.

Die Dunkelheit und das Licht vereint in Ihr.

Wie soll Sie Licht schenken,

wenn Sie ihre Schatten verleugnet.

Ohne Dunkelheit wirft Ihr Licht keine Schatten,

Geradc die Schatten sind es doch,

welche Sie als Chance zum Wachstum braucht.

Ihr ist bewusst, dass ein jeder,

der sich nur im besten Licht zeigen will,

sich selbst nicht wahrlich angenommen hat,

mit sich selbst, durch das Verleugnen

seiner inneren Abgründe im Krieg liegt.

Die Heilerin lebt dir durch Ihr Verhalten vor,

sich den größten Dämonen

des Lebens zu stellen …

der eigenen Dunkelheit,

und den inneren Schatten,

indem Sie jeden Aspekt Ihrer selbst umarmt,

lebt Sie in Harmonie mit Ihrem Licht.

Sie bringt dir Heilung …

indem Sie unbeschwert und leidenschaftlich lebt,

was andere durch einen Titel schamhaft verdecken.

Das Gebet

Es ruht ein Gebet in Ihr,

eine Hingebung ohne Worte.

Es erfüllt Sie eine Dankbarkeit,

die jenseits der Sprache liegt.

Es wohnt Frieden in Ihr,

während Sie dem eigenen Pfad folgt.

Es ist ein Weg, den Sie alleine geht,

auch wenn mitunter andere mit Ihr reisen,

geht Sie Ihren Weg doch für sich selbst,

denn Sie weiß kein Weg ist für jeden gleich.

Es sind behutsame Schritte, welche Sie geht,

ein Einklang mit allem, was um Sie lebt.

Es ist eine Stille in Ihr, die fernab der Worte lebt,

eine Ruhe, die aus dem Herzen fließt,

und all jenes berührt, was Ihr begegnet.

Ihr Weg ist das sich vertrauensvolle Hingeben,

an Ihr Leben, so wie es für Sie erscheint.

Sie sucht die Pfade der Wandlung,

und findet sie in allem Unscheinbaren,

denn Ihre Augen öffnen sich da,

wo andere sich in lauten Gesten verlieren.

Es ruht ein Gebet in Ihr,

gesprochen und gelebt ohne Worte,

von liebenden Herzen deutlich vernommen,

zieht es seine Kreise von Seele zu Seele.

Deine wahren Fragen

Wenn Sie sich dir im Gespräch zuwendet,

dann sucht Sie den Blickkontakt mit dir,

lauscht dem, was dein Mund verschweigt,

jedoch deine Augen stumm berichten.

Sie hört dir im Inneren deiner Seele zu,

fühlt den Emotionen deiner Stimme nach.

Und so hört sie auch die Geschichten,

die dein Mund nicht zu sprechen vermag,

versteht dies, was deine Seele erzählen möchte.

Wenn die weise Frau mit dir spricht,

beantwortet Sie dir die wahren Fragen,

die Sie in der Stille zwischen deinen Worten

und in der Tiefe deiner Seele vernimmt.

Nichts zu erlösen

Sie muss nichts loslassen und nichts erlösen.

Ihr Leben selbst, gelebt von innen heraus,

gelenkt von Ihren Visionen und Wünschen,

erlöst Sie von auferlegten Regeln der Norm.

Indem Sie Ihre Schritte und Pfade,

nach den Träumen Ihres Herzens geht,

formt sich Ihre Reise zur eigenen Wahrheit,

die von allen Dogmen und Regeln befreit,

nur ein Ziel erahnen lässt, die Reise zu sich selbst.

Lieber Mann

Die weise Frau lieber Mann,

schaut dir bis in die Tiefen deiner Seele,

Du wirst Sie nicht verwirren können,

ihr nichts vorspielen,

dem die Substanz der Ehrlichkeit fehlt.

Die weise Frau, lieber Mann,

hört, was hinter deinen Worten schwingt,

Sie erkennt die Wahrheit hinter dem,

was Du vorgibst zu sein.

Wenn Du eine weise Frau liebst,

dann zeige dich in all der Schönheit dessen,

was du wirklich in dir lebt.

Was du an dir als Makel siehst,

genau dies wird Sie in dir als
dein Wahres Ich erkennen.
Die weise Frau lieber Mann,
wird deinen rohen Kern erfühlen,
dass was insgeheim in dir brodelt,
und nach Außen leuchten möchte.
Die weise Frau sucht den weisen Mann,
der all seine Wunden vergangener Leben
liebevoll als das erkennt, was sie sind,
Erfahrungen, Wachstum, Geschenke
die er ehrlich nach außen zeigt und sie
in dieses Sein zu integrieren vermag.
Dann erkennt Sie den Mann in dir,
der seine geschlagenen Schlachten

in Weisheit und Güte gewandelt hat,

der bedingungslos zu dem steht, was er ist …

ein Mann voller Liebe und Weisheit,

der aufrecht und stolz neben ihr steht,

wissend, dass seine und ihre Wunden

sich zu einem harmonischen Bild

gegenseitiger Achtung und Liebe ergänzen.

Wenn Sie dich liebt

Wenn Sie dich liebt Mann,

schenkt Sie sich dir ganz,

mit allen Facetten Ihres Seins,

mit all Ihren Höhen und Tiefen,

mit allem was Sie ist.

Sie entführt dich in Ihre Welt,

und fühlt sich in der deinen Zuhause.

Wenn du Ihre Liebe annimmst Mann,

wirst du neue Welten erforschen,

ohne deine Eigenen zu verleugnen,

Sie führt dich in dein verborgenes Sein,

begleitet dich in deine Höhen und Tiefen.

Denn wenn Sie dich liebt Mann,

will Sie Dich mit all deinen Facetten,

mit all dem was du bist.

2 Die Urfrau

Die erwachte Urfrau

Die erwachte Urfrau,

ist keine Gefahr für dich Mann …

Sie ist deine Ergänzung,

deine Heilung,

deine Erleuchtung,

Sie drängt dich nicht und fordert nichts,

was Sie nicht selbst zu geben bereit ist.

Die erwachte Urfrau ist keine Überfrau,

doch ist Sie all dies was Du ersehnst,

all dies was euch beide ganz werden lässt.

Sie ist Heilerin …

Mutter …

Schamanin …

Magierin …

Geliebte …

Göttin…

Sie ist all dies,

was Sie schon seit Urzeiten sein wollte.

Sie zeigt dir die Sterne und das Universum,

sie weiht dich ein, nur durch Ihre Liebe.

Wer eine erwachte Urfrau liebt,

sich mit allen Gefühlen auf Sie einlässt,

beschreitet den Weg zur Liebe in sich selbst.

Nein, Sie ist keine Gefahr,

Sie ist das, was Du in dir verbirgst,

und lebt leidenschaftlich nach außen,

was in deinem Inneren versteckt lebt.

Sie hebt ans Licht, was Du in dir verschließt,

indem Sie dich bei der Hand nimmt,

um den Weg durch deine dunklen Innenräume

mit dir gemeinsam in Liebe zu beschreiten.

Stille Einkehr

Es gibt Zeiten, da will Sie alleine sein …

Perioden, in denen Sie Ihre Werte und Wege prüft …

Momente, die der inneren Einkehr dienen,

um durch die Erlebnisse

der Vergangenheit zu wandern.

Sie lässt Ihre damaligen Schritte Revue passieren,

um ihr Verhalten gegebenenfalls zu korrigieren.

Die Rückschau lehrt Sie alles, was Sie unachtsam verpasst hat,

jedoch tadelt Sie sich nicht selbst,

sondern nimmt die Erkenntnisse Ihrer Fehler

dankbar als Lehrmeister in die Zukunft mit.

Authentisch

Die Urfrau muss über Begriffe wie,

Authentisch sein,

Ehrlichkeit,

Selbstliebe,

Mitgefühl

und Hilfsbereitschaft

weder sprechen, noch nachdenken …

Sie lebt diese Eigenschaft wie selbstverständlich.

Ohne sich darüber Gedanken zu machen, was Sie tut,

lebt Sie ihre innere Weisheit ins Außen.

Sie weiß, Sie zieht, dass ins Dasein,

was Sie lebt, nicht dies, was Sie denkt.

Nur das Leben zählt und, was Sie anderen vorlebt,

kann in der Welt um Sie herum seine Früchte tragen.

Ihre Gedanken sind in ihr verschlossen,

können anderen nichts vorleben, nichts zeigen,

und auch noch so deutlich ausgesprochen,

würde jeder sie verstehen,

wie sein inneres Echo es will.

Sie fühlt tief in sich,

das nicht wichtig ist, was Sie denkt,

Gedanken sind formlos, Taten jedoch sind sichtbar.

Ihre Gedanken gehören zu ihr,

in den inneren Raum ihrer Stille,

ihre Taten jedoch gehören der Welt,

der sie mit ihrer authentischen Lebensweise,

ohne nachzudenken, so unbeschreiblich vieles gibt.

Wie ein Phönix

Sie kennt das Sanfte ins sich genauso gut,

wie das herausfordernde Ihres Wesens.

Sie fliegt in Ihren Höhen genauso intensiv,

wie Sie ihre Tiefen in jedem Winkel erforscht.

Sie zieht sich in Ihre Dunkelheit zurück,

um sich danach in all Ihrem Licht neu zu erheben.

Sie hat all Ihre Wunden und Narben umarmt,

Ihnen Ihre Liebe und Aufmerksamkeit geschenkt,

mit tiefem Vertrauen und in dem Wissen ,

dass so wie sie heilen, neue hinzukommen,

um die Landschaft ihrer Seele neu zu formen,

zu erweitern, um neue Erfahrungen,

Leidenschaft,

Verständnis

Wachstum

und Liebe.

Die Urfrau wächst aus den Tiefen Ihres Schmerzes,

wie ein Phönix neu geboren in die Höhe steigt,

mitten in die Fülle Ihres Lebens hinein.

Ins Licht erheben

Sie passt sich nicht an,

nur um bei dir geduldet zu sein,

Sie teilt nicht deine Meinung,

damit du Sie oberflächlich lieben kannst.

Sie bettet dich nicht in Harmonie,

damit du nicht gehst und Sie alleine bleibt.

Sie hätschelt nicht deine Empfindlichkeiten,

damit nur du dich wohlfühlst in deinen Ansichten.

Sie wird Ihre Stärken nicht vergessen,

nur damit du dich nicht schwach fühlen musst.

Sie will deine Tiefen, deine Ängste,

deine Schwächen und deine Wildheit,

die hinter deinen Mauern ihr Dasein fristen.

Sie fordert dich mit Ihrer Liebe heraus,

rüttelt an deinen Fassaden und reißt Sie nieder,

um in deiner Stille die dahinter lebt zu versinken,

sie mit der Leidenschaft eurer Liebe zu erfüllen.

Sie zeigt dir, wo hinter deinem gezeigten Starksein,

deine Tränen und deine Wut das Leben suchen.

Die Urfrau wird dich in deine Tiefen führen,

hinein in deine Ängste, Schwächen und Begierden,

um dort all das zu finden und zum Leben erwecken,

was du versteckt hast, um dich nicht selbst zu fühlen.

Dort in der Dunkelheit deiner Verdrängten Gefühle,

vereinen sich eure Schwächen Wunden und Narben,

aus denen heraus ihr die Leidenschaft der Liebe

voller Demut und Vertrauen ins Licht erheben könnt.

Der Rhythmus des Lebens

Sie lebt im Rhythmus der Gezeiten,

genießt die Ebbe in Ihrem Leben,

mit der Stille und Zurückgezogenheit,

wie auch die regelmäßige wiederkehrende Flut,

mit all ihrem Schwung und Lebendigkeit.

Sie betrachtet Ihr irdisches Dasein,

wie die riesige Fläche des Meeres,

mit all seinen Risiken und Schönheiten.

In manchen Zeiten lässt Sie sich treiben,

genießt die Ruhe der sanften Bewegungen,

um sich zu gegebener Zeit aufs Neue

mutig in neue Wellen zu stürzen.

Dieses ständige Auf und Ab des Lebens,

dem Sie sich voller Vertrauen hingibt,

lässt Sie alle Facetten Ihres Wesens,

in vollen Zügen leben und genießen.

Ein Herzschlag

Ihre Liebe gilt jedem und allem,

doch diese eine unvergleichliche Liebe,

die welche ihre Seele in ihren Tiefen anspricht,

gilt jenem, der die Sprache Ihres Herzen spricht,

der sich nicht vor Ihren Abgründen scheut,

der mit ihr durch beider Dunkelheit wandert,

um gemeinsam im Licht der Liebe zu erwachen.

Diese Seele, die mit der Ihren verschmilzt,

und sich zu einem einzigen Herzschlag vereint.

Vereinte Melodien

Ihre Liebe gilt jedem und allem,

doch diese eine unvergleichliche Liebe,

die welche ihre Seele in ihren Tiefen anspricht,

gilt jenem, der die Sprache Ihres Herzen spricht,

der sich nicht vor Ihren Abgründen scheut,

der mit ihr durch beider Dunkelheit wandert,

um gemeinsam im Licht der Liebe zu erwachen.

Der Mann, der ihrer beider Melodie wieder vereint,

zu einer Symphonie von Leidenschaft und Liebe.

Diese Seele, die mit der Ihren verschmilzt,

und sich zu einem einzigen Herzschlag verbindet.

3 Die Magierin

Ihre Wege

Sie geht Ihre Wege, ohne zu überlegen,

was Sie auf dieser Reise erwartet,

und wohin Sie diese führen könnte.

Sie weiß tief in Ihrem Inneren,

dass, egal wohin Sie geht,

sich Ihr Wunder offenbaren können.

Ihre Philosophie kennt kein richtig oder falsch,

Sie lernt aus jeder Situation und erkennt auch

in den dunklen Zeiten die Klänge der Wahrheiten,

welche sich Ihr über all Ihre Sinne offenbaren.

Sie geht Schritt um Schritt, ohne Hast,

sehr bewusst wahrnehmend,

was der Weg Ihr offenbart,

nur so erkennt sie

die stillen Zeichen und Spuren,

die Sie zu den Seelengefährten von einst führen.

Sie wandert friedlich Ihrer Wege,

geleitet von der Ihr innewohnenden

Weisheit Ihrer Ahnen,

vertraut Sie sich den Gezeiten des Lebens an,

den lebenspendenden Kräften des Universums

und verlässt sich auf die Weisheiten der Natur,

die auch in den hektischen Zeiten der Moderne

noch zu jenen sprechen,

die mit der Seele lauschen.

Sie geht Ihrem Weg außerhalb der Norm,

denn Sie reist mit dem Kompass des Herzens,

und dem Wissen längst vergangener Epochen,

dadurch lebt Sie das Vermächtnis all Ihrer Ahnen.

Dir mag Sie seltsam erscheinen und doch,

lebt Sie gerade durch dieses Anderssein Ihre Magie,

des inneren Friedens still doch sichtbar in die Welt.

Die uralte Flamme

Sie trägt Magie im Blick,

denn Sie sieht die Wunder im Unscheinbaren.

Sie atmet mit jedem Atemzug Liebe in die Welt,

denn Ihre Seele fühlt die Einheit mit allem.

Sie trägt Feuer in der Seele,

eine Flamme, die in Urzeiten entfacht,

noch immer in Ihr brennt.

Sie lässt sich wie der Wind von Ort zu Ort tragen,

dahin wo es ihre Seele zieht, da fühlt Sie ihr Zuhause.

Sie fließt wie Wasser durch Ihr Leben,

kennt kein Hindernis, wenn es Sie weiterzieht.

Sie ist eins mit sich und allem, was ist.

Sie lebt Ihre Freiheit auf verschlungenen Wegen,

denn nur eine Seele, die gehen darf,

wohin es Sie sehnt,

kann mit dem Urfeuer in sich, andere wärmen.

Magische Wege

Die magische Frau lebt im Einklang

mit ihrer inneren Stimme.

Sie folgt den Wegen die ihre Intuition

ihr in die Seele zeichnen,

und haucht den gefühlten Bildern,

mit jedem neuen Schritt

die Farben des Lebens ein.

Sie geht beschwingt Ihre Pfade,

da Sie nach Ihrer inneren Melodie

leichtfüßig durch ihr Sein tanzt.

Sie sind nicht immer leicht,

die Pfade, die Sie beschreitet,

doch geht Sie diese mit offenen Sinnen,

und Neugier auf alles was Ihr Sein

ihr Offenbaren und zeigen möchte.

Die magische Frau lebt nur nach dem,

was Ihre Seele und Ihr Herz ihr zeigen,

und lebt so auf magische Weise,

in ihre wahre Bestimmung hinein.

Magische Energien

Wenn Du eine Magierin triffst,

wirst Du ihre Energien spüren.

Sie zeigt dir still die Zauber der Natur,

und verbindet dich mit deinen Energien.

Sie wird intuitiv erkennen, was dir fehlt,

ohne dir etwas aufdrängen zu wollen.

Die Magierin triffst Du nie alleine,

sie wird immer begleitet von den Energien,

der jeweiligen Tier oder Pflanzenwesen,

die ihr gerade unsichtbar zur Seite stehen.

Du erkennst Sie daran, wie Sie sich bewegt,

denn Sie geht achtsam Ihrer Wege.

Sie kennt keine Zeitnot und verweilt lange,

um die kleinen Zeichen um sich herum zu deuten.

Auf diese Weise wandelt Sie Ihre Kräfte,

und gespeichertes Wissen von einst mit den

Energien und Wegen der heutigen Zeit,

in ihre einzigartige, heilende Magie um.

Die stillen Magier

Die Magier alter Zeiten,

finden wieder ihre Wege,

hinein in die Welt,

die zwischen Jetzt und damals lebt.

Sie tragen ihre Visionen in sich,

um diese nach außen zu leben.

Die stillen Plätze sind es, die sie suchen,

um dort die Grenze zur Anderswelt

zu finden und zu überschreiten,

was sie dort erkennen wird durch sie,

still in die lauten Orte des Jetzt gelebt.

Sie bringen Frieden und Ruhe,

an Orte, die dessen bedürfen.

Sie leben dir wortlos,

die Liebe und Achtung,

vor allem Leben und dir selbst vor.

Die Magier alter Zeiten sind dir

lebendes Vorbild, als Lehrer des Lebens,

ohne dir Lehrmeister sein zu wollen.

Denn nur dies, was Du selbst erkennst,

kann erfolgreich Wurzeln in dir schlagen.

Jahrhunderte bewährt

Tief in sich trägt Sie liebevoll,

die alten Weisheiten und das Wissen

über den schon immer Gültigen

Kreislauf des Lebens und Heilwerdens.

Sie findet intuitiv die alten Wege,

um Sie mit den Neuen zu verbinden.

Denn was sich Jahrhunderte bewährte,

wird sich nicht verlieren, es lebt weiter,

geborgen in den Tiefen alles Lebenden.

Doch nur jene, die sich berufen fühlen,

deren Herz und Seele sich sehnen,

nach Geborgensein im Schoß von Mutter Erde,

dem Wunsch auch ihr Heilung und Liebe zu geben,

werden den beschwerlichen nie endenden Weg,

des Heilers und Magiers gehen können,

um dieses Wissen, verständlich für alle,

in der heutigen Zeit sichtbar werden lassen.

Die natürliche Ordnung

Das Leben fließen lassen,

in die göttliche Ordnung vertrauen,

dabei immer die Richtigkeit dessen

was um Sie herum geschieht,

als das sehen, was es wirklich ist,

das Leben in all seinen Facetten.

Sie weiß, dass nichts ohne Grund geschieht,

und das kein Widerstand oder Aufbegehren,

dies Ändern oder löschen würde,

was in der natürlichen Ordnung der Dinge,

für jeden ins Leben geschrieben ist.

4 Die Kriegerin

Die Tränen der Kriegerin

Auch eine Kriegerin des Herzens weint …

Sie weint oft und hingebungsvoll …

weint um alles, was nicht ist,

und was nie sein durfte …

um alles was geschehen,

und nicht mehr änderbar ist …

um so viel Verlorenes

und nie Wiedergefundenes …

um einsame Wege

und falsche Entscheidungen …

weint um die Zeit,

die niemals Kindheit

und Jugend sein durfte …

um verlorene Liebe

und hoffnungsloses Hoffen …

um all die Fehler die Sie

im Laufe Ihrer Zeit sammelte.

Und doch weiß Sie,

dass all dies was Sie beweinte,

richtig war und so sein musste,

um Ihre Wege zu finden …

ihre eigene Meinung zu erkennen …

um zu fühlen, was zu ihr gehört,

und was sie gehen lassen darf …

um zu fühlen, was sie liebt,

und immer in ihr leben wird.

Doch weinte Sie auch

in glücklichen Stunden …

in den Hochzeiten Ihres Seins …

Begrüßte freudig mit

sanft glitzernden Emotionen,

das Glück und die Liebe

in Ihrem Dasein.

Unzählige geweinte Tränen,

in ungezählten Leben

haben Ihre Wege befruchtet,

und Ihr so die Samen

Ihrer Individualität

in die Seele gepflanzt.

Der Pfad des Herzens

Sie ist sich selbst wertvoll genug,

zu gehen, wo man Ihre Seele missachtet.

Sie ist würdevoll genug, sich umzudrehen,

wo man Sie ohne Würde behandelt.

Sie ist so achtsam ,ihre Grenzen zu setzen,

wo man diese absichtlich überschreitet.

Sie ist stark genug, Ihre Verletzbarkeit zu zeigen,

indem Sie sich zeigt, wie Sie ist.

Sie ist mutig genug, dass zu leben,

was Ihre Seele fordert und wohin Ihr Herz Sie führt.

Sie ist auf Ihrem Weg … dem Pfad des Herzens.

Geschichten der Ahninnen

Sie kämpft nicht mehr, um nichts.

Sie lebt das Leben in Ihrem eigenen Rhythmus,

lässt sich tragen wie eine Feder im Wind,

und genießt die Höhen ebenso wie die Tiefen,

weiß Sie doch, erst wer ganz unten ist,

findet den Anfang nach oben wieder neu.

Nein sie kämpft nicht, braucht

keine Waffen,

keine Rüstung

keinen Wettstreit.

Sie beobachtet die Elemente ihres Lebens,

und erkennt darin ihren eigenen Wandel.

Sie lauscht den inneren Geschichten Ihrer Ahninnen

und lässt sich vertrauensvoll führen,

hin bis zur weisen und erwachten Frau.

Wenn Sie liebt

Die Kriegerin der Liebe ist nicht geschaffen,

um in der Sehnsucht zu verharren.

Wenn Sie liebt,

dann mit jedem Aspekt Ihres Seins und Fühlens,

jedoch Sie bleibt nicht wartend,

in der Ungewissheit stehen.

Sie ist geboren, um aktiv zu sein,

Ihren Weg zu entdecken und zu gehen.

Sie trägt die Wahrheit ins sich,

dass alles was Ihr Leben bereichern und erfüllen soll,

zu geeigneten Zeit den Weg zu Ihr finden wird.

Und so geht Sie gelassen ihrer Wege,

eingehüllt in das Wissen um ihre Liebe,

getragen von dem Vertrauen,

dass Ihre Intuition Sie dahinträgt,

wo Sie sein soll,

geborgen in all den Facetten Ihres Seins,

lässt Sie sich von Leben selbst dahin führen,

wo die Liebe und das Leben auf Sie warten.

Der Kampf

Die Kriegerin weiß,

der härteste Kampf im Leben,

ist der gegen die eigenen Gefühle.

Seine Wünsche,

Sehnsüchte,

Verlangen,

Leidenschaften

und Liebe zu unterdrücken,

bedeutet in den Kampf,

gegen sein Herz eigenes zu ziehen.

Eine Schlacht, so unbeschreiblich hart,

die Sie als Verlierer zu Boden zwingen würde.

Jedoch lässt Sie das Ausleben Ihrer Gefühle,

immer aufrecht auf Ihrem Weg gehen.

Die Innere Mitte

Sie weiß, einer der schwersten Kämpfe ist,

sich selbst bedingungslos anzunehmen,

mit sich selbst im Reinen zu sein,

und seine innere Mitte als Anzeiger,

für ein erfolgreiches Leben zu erkennen.

Was für Sie zählt,

ist der Grad innerer Zufriedenheit,

nicht der Beifall Ihrer Umwelt.

Einzig der innere Frieden

und ein gutes Gewissen, bei dem was Sie tut,

zeigen Ihr, ob Ihr Wege erfolgreich sind.

Innenschau

Und dann sitzt Sie da, still in sich versunken,

und lauscht schweigend den Signalen Ihrer Seele.

Sie fühlt in sich, tief, bedingungslos ehrlich,

sucht Sie nach den Resonanzen Ihrer selbst.

Wo sind noch Wunden

und wo neu aufgebrochene Narben.

Wie reagiert Ihr innerer Schmerz

auf neue Begegnungen,

wo verstecken sich leise flüsternd Ihre Sehnsüchte,

und wo will Ihre Seele Ballast loswerden,

indem Sie ehrlich vergibt und gehen lässt.

Wo zeigt sich ganz offen die Unversöhnlichkeit,

um Ihr zu zeigen,

dass Verzeihen noch nicht geschehen kann,

weil Ihr Innerstes den Schmerz noch umarmt,

nicht gehen lässt, weil Sie ihn noch braucht,

diesen lebendigen fühlbaren Schmerz,

um die Landschaft Ihrer Narben

geduldig zu vollenden.

Tief in sich selbst weiß Sie,

nicht jede Wunde will geheilt werden,

da sie sonst vernarben und den inneren Groll

dauerhaft in sich einschließen würde.

Gerade die offenen Wunden sind es,

die Sie Ihre Pfade finden lassen,

jene Reiserouten, hin zu den Orten,

die Ihrer Heilung dienen.

Nur die lebenden Wunden und

dieses noch nicht Verzeihen können,

werden Sie an die für Sie heiligen Plätze,

der heilenden Lebendigkeit und Liebe führen,

die Ihre Seele zum Heil werden

und Wachsen so sehr ersehnt.

Und so lässt Sie die Wunden,

den Groll und die Unversöhnlichkeit,

bei sich zu Gast verweilen, wissend,

sie führen Sie zu sich selbst.

Von innen nach außen

Ihre Seele will Sie leben,

nicht das, was im außen lockt.

Was in Ihr ist,

will Sie in die Welt tragen,

nicht dies, was man Sie lehrte.

Verinnerlichen was zu ihr gehört,

nach draußen geben, was allen dient.

Ihre eigenen Grenzen,

finden …

erweitern …

oder brechen …

und doch dabei die Grenzen achten,

die anderen sich selbst

von innen nach außen setzen.

Tatkraft vereint mit Licht und Liebe

Sie sieht das Leben nicht nur in Licht,
Liebe und Leichtigkeit …
Sie sieht auch die schweren Seiten,
die Mühen und Prüfungen.
Ihr ist bewusst,
dass wer nur das Positive sucht,
seine eigenen Aufgaben verweigert,
den leichten Weg wählt.
Sie verschließt Ihre Augen nicht,
vor dem was auf der Welt passiert,
Sie schaut nur anders hin,
sieht auch hinter die Kulissen der Redner,
und fühlt in die Botschaften des Lebens,
zieht so Ihre Lehre aus allem, was ist.
Sie hat Ihre eigene klare Meinung,
und bezieht ganz offen Stellung …
doch muss Sie dies nicht laut,
mit unnötigen großen Worten tun,
wo stille wohlbedachte Handlungen,

mehr Frieden und Heilung sichern,
als alle mit Licht und Liebe Ausgeschmückten
tatenlose und doch so unsagbar Leeren
Worte es tagtäglich tun.
Sie sieht sehr wohl klar und deutlich,
all dies Leid und die Katastrophen,
und nein, Sie fordert nicht ständig
Licht und Liebe vom Universum ein,
wo nur Tatkraft, eine klare Meinung
und Kritik angebracht und helfend ist.
Sie spricht laut und deutlich
über all die Missstände der Menschheit,
aber auch über den Mangel an der
klaren Objektivität der Herdentiere.
Sie steht mitten im Leben,
beobachtend,
erkennend
und verstehend,
dass nur das entschlossen Gelebte
und in Taten umgesetzte Wort,
die Welt mehr mit Licht und Liebe

bereichert, heilt und fördert,

als jede noch so gutgemeint

nachgeplapperte Phrase es je könnte.

Ihre Handlungen vereinen das Licht, die Liebe,

und gelebte Taten als Geschenk an das Leben.

Erfüllung

Kein anderer ist für ihr Leben verantwortlich,

denn sie weiß, dass alles, was ihr widerfährt,

dies ist, was ihr Handeln geboren hat.

Sie kennt den Punkt, an dem Sie steht,

und möchte niemals mehr sein, als sie ist,

sie konzentriert sich auf ihre Stärken,

Ihre Schwächen und den eigenen Weg,

ohne zu schauen, was andere haben.

Denn nur in dem, was Sie selbst erreicht,

nicht in dem was andere besitzen,

findet Sie Zufriedenheit und Reife.

Nur Ihr eigenes Handeln und Fühlen,

schenkt Ihr ein Dasein, welches Sie erfüllt.

5 Die Schamanin

Schatten und Lichtzeiten

Sie lebt ihr Dasein erwartungslos,

denn alles was sein soll, findet zu ihr.

Wer wartet, der erwartet etwas Bestimmtes,

die Schamanin aber erwartet nichts …

sie empfängt …

Segnungen gleich lässt Sie

alles in ihr Leben fließen,

nimmt voller Demut,

die Geschenke der Zeit so an,

wie sie sich ihr auf Ihren Pfaden darbieten.

Nichts ist für Sie gut oder schlecht,

Sie lebt bedingungslos

ihre Schatten und ihr Licht,

denn Sie ist im Einklang mit allem, was ist.

In diesem Sinne sind die Lebensabschnitte,

die Anderen als harte Prüfung erscheinen,

für Sie eine Segnung des Universums,

eine Erweiterung ihres Erfahrungsschatzes.

Sie reift im Laufe ihres Weges, weil Sie intuitiv

ihre Aufgabe darin sieht,

die Schatten und Lichtzeiten

in sich selbst zu integrieren,

und in Balance zu bringen.

Nur so kann Sie das heilende Licht ausstrahlen,

dass ihre Reise durch ihr Dasein beleuchtet.

Der weibliche Weg

Die Schamanin geht den weiblichen Weg,

da Sie ihre lunare Wesenheit verehrt.

Sie sucht keine Konkurrenz mit dem Maskulinen.

Ihr Weg ist der Sanfte,

der Liebende,

der Heilende

und Gebärende.

Sie schenkt und beschützt das Leben.

Voller Vertrauen in die Schöpfung

überlässt Sie dem Mann seinen Weg,

ohne im Wettstreit mit ihm zu liegen,

umso die Weiblichen und Männlichen

Energien in sich, harmonisch zu ergänzen.

Sie lebt die ursprüngliche Rolle der Frau,

denn es ist nicht ihr Pfad,

in den Kampf zu ziehen,

um die Frau dem Manne gleichzustellen.

Sie sucht die Pfade des Friedens,

des Gebens

und Nährens,

um das alte Leid der Ahninnen zu heilen.

Sie sucht nicht die moderne Rolle,

der starken emanzipierten Frau,

welche den Mann aus seiner uralten Bestimmung

des Beschützers und Verteidigers verdrängt.

Auf ihrer Reise der Schamanin wandelt Sie als

Heilerin,

Liebende

und Magierin durch ihr Sein,

umso die uralten und natürlichen Wege

des Weichen und Weiblichen zu beschützen.

Ihr Weg der Meisterschaft

Sie braucht keine Meister,

die Ihr das Leben erklären,

denn Sie schöpft aus Ihren Urkräften.

Da Sie voller Liebe und Demut,

ohne sich zu verausgaben,

oder sich selbst zu vergessen,

immer das Beste von sich gibt,

dankt Sie damit dem Leben auf Ihre Weise,

für all die Segnungen, die es Ihr schenkt.

Sie achtet auf die Zeichen auf Ihrem Weg,

und lebt Ihre Mission, die nur Sie hat,

mit jedem Schritt nach außen.

So lebt Sie auf Ihrer weltlichen Reise,

in Ihre eigene Meisterschaft hinein.

Ihre geistigen Begleiter

Wenn Du eine Schamanin triffst,

spürst Du nicht nur Ihre Energie,

denn Sie ist nie wirklich alleine.

Sie lebt nur sich selbst und doch,

formen Ihre unsichtbaren Begleiter,

Ihren Geist, Ihre Gesten und Taten.

Sie lebt die Schwingungen der Wesen,

die Ihr Schutz und Weisheit schenken,

und Sie stets auf Ihren Wegen begleiten.

Wenn Sie, wie so oft einfach still ist,

lauscht Sie ganz in sich vertieft,

den Ratschlägen Ihrer Begleiter.

Wenn die Schamanin mit dir spricht,

fühlst Du wie zwischen Ihren Worten,

die sanfte und heilende Energie,

Ihrer weisen Begleiter schwingt.

Erwachte Visionen

Wenn Sie brennt, innerlich erfüllt ist,

von Worten und Visionen,

und Ideen und Gedanken Ihr alles offenbaren,

was Ihre Seele sich erträumt,

dann lodert in Ihr das bunte Feuer des Lebens,

erwacht der Sinn ihres Seins,

und nichts mehr hält Sie, den erwachten Visionen,

einen Platz in Ihrem Leben zu schenken.

Um nichts kämpfen

Sie kämpft niemals …

nicht mit dem Schwert …

nicht in Gefechten …

nicht mit Worten und Taten …

nicht mit Taktiken.

Ihr Weg geht durch

die Stille …

den Glauben …

die Liebe.

Sie kämpft um nichts …

Sie empfängt die Geschenke,

des Lebens und der Liebe,

so wie sie den Weg zu Ihr finden.

Sie trägt die Gewissheit im Herzen,

dass dies was zu Ihr gehört,

sich zu seiner Zeit mit Ihr vereint.

Träume und Visionen

Ihr Leben ist ein endloses Abenteuer,

voller Visionen und Träume.

Ihre Reiseroute folgt beständig,

den Signalen Ihrer Seele.

Ihre Sehnsüchte und Phantasien

führen Sie an jene Orte,

an denen die kleinen Wunder

auf die Erweckung warten,

und Ihr zeigen, dass viele Wunder,

erst durch Ihre Träume sichtbar werden,

und Ihre mutig gelebten Visionen

ihnen erst Bedeutung verleihen.

Die Reise

Sie weiß, Sie ist hier, weil Sie es so wollte,

um Reife und Wachstum Ihrer Seele zu erlangen.

Ihr ist bewusst, dass Sie hier nur ein Tourist ist,

auf einer von unzähligen Reisen zu sich selbst.

Indem Sie Seele und Herz den Erfahrungen öffnet,

kann Sie diese Reise voller Neugier,

Freude und Vertrauen unternehmen.

Sie weiß, dass Sie auch hin und wieder,

die beschwerlichen Routen braucht,

damit Ihre Seele reifen kann, und irgendwann

nicht mehr auf die Reise gehen muss.

Weg der Bewusstwerdung

Nur im Annehmen dessen,

was das Leben ihr bietet,

ohne Aufbegehren, ohne Kampf,

ohne kräfteraubendes Hinterherrennen,

nach dem was nicht sein soll,

sondern in dem ehrlichen Bestreben

unverhüllt zu erkennen,

und demütig zulassen dessen,

wo das Leben Sie sehen möchte,

und dem dankbaren Empfangen,

all der Gaben, die Ihre Reise Ihr schenkt,

kann Sie den Weg der Bewusstwerdung,

hin zur Heilung Ihres Selbst finden.

Hindernisse auf neuen Pfaden

Sie liebt ihre Träume und Visionen,

jeder Film im Inneren Ihrer Seele,

ist ein Wegweiser in Ihre Zukunft.

Jedoch ist Ihr auch bewusst,

dass ein Traum nur zum Leben erwacht,

wenn Sie ihn selbst zum Leben erweckt.

Ihre Visionen sind die Wünsche,

die Ihrer Seele entspringen,

Ihnen gibt Sie viel Raum und Energie,

um Sie in Ihr Leben wachsen zu lassen.

Ihre Träume lebt Sie mitten ins Leben hinein.

Und jeder Rückschlag zeigt Ihr deutlich,

dass Sie auf Ihrem Weg ist,

denn Hindernisse liegen nur dort,

wonach dem Wegräumen der Hürden,

auch ein neuer Pfad entstehen kann.

Antworten

Sie lebt das, woran sie glaubt,

sie predigt nicht und drängt nicht auf,

lebt einfach, wovon sie überzeugt ist,

mit jedem Atemzug und jeder Tat,

zeigt Sie sich selbst so, wie Sie ist,

ohne Masken,

Verstellen,

oder Schauspiel.

Sie gibt selten Ratschläge,

da Sie weiß, Ihre Wahrheit,

muss nicht die deine sein,

sondern lädt dich herzlich ein,

Sie ein stückweit zu begleiten,

um dich auf Wege zu führen,

auf denen Du in die Antwort

zu deiner Frage hineinwachsen kannst.

So lehrt sie wortlos doch einprägsam,

jedem der ihr Wissen sucht,

die wahren Werte des Lebens.

6 Die Göttin

Göttliches Feuer

In jeder Frau brennt das Feuer der Göttin,

lodert die Glut von Jahrtausenden.

Tief in Ihr lodert die Flammen

einer Urkraft, gezündet vor Äonen,

die aus der Dunkelheit getragen,

und transformiert werden will …

die weibliche Urkraft des Lebens.

Geborgen in dieser Flamme,

ruht geduldig Ihre Göttlichkeit,

wartend bis zu dem Moment,

da Sie das Feuer Ihrer Lebenskraft

Vorbehaltlos annimmt und befreit.

Dann, wenn Sie die Fackel dieser

unendlichen Energie, offen trägt,

ist die Göttin in ihr vollends erwacht.

Wenn die Göttin liebt

Wenn Sie liebt, dann liebt Sie ganz.
Sie wird sich nicht mit deinem
„Vielleicht“ zufriedengeben.
Sie wird nicht warten, bis dir klar wird,
wohin dein Herz gehört und sein will.
Wenn Sie liebt,
will Sie wiedergeliebt werden,
und wird nicht stehen bleiben,
wo du Sie in deinem Unvermögen
die Liebe zu dir zu erkennen,
mit einem „Mal sehen“ beschenkt hast,
um noch neue Herzen für dich auszuloten.
Sich ihrer eigenen Gefühle bewusst
wird Sie gelassen weitergehen,
wissend, dass die Liebe Sie einholt,
wenn sie sich nach Ihrem Herzen sehnt.

Gelebte Göttlichkeit

Sie ist schön …

Sie ist wild …

Sie ist frei …

Sie ist ganz Frau,

einfach nur Frau,

kostet jede Phase

Ihres Daseins

bis zur Neige aus.

Sie ist sich ihrer

weiblichen Reize

und deren Wirkung

auf den Mann bewusst.

Und doch lebt Sie

nur sich selbst.

Sie schenkt sich nur

jenem Mann,

der sich selbst

in seiner wahren

Schönheit erkannt hat.

Ihre Weiblichkeit

verschmilzt perfekt,

mit dem Mann,

der ganz „Er“ selbst ist,

indem er seine Göttlichkeit

liebevoll angenommen hat

und so nur sich selbst lebt.

Die Gebärende

In mir brennt das Feuer einer uralten Zeit.

In mir, der weiblichen Lebenskraft,

lebt Liebe seit Beginn der Zeit.

Ich bin Gebärende und Nehmende,

bin Schwäche und doch die Kraft,

die den Mann zu seiner Bestimmung führt,

indem Ich in mir die Ahnen der Zukunft empfange.

In mir entsteht das Leben und der Tod,

denn so, wie ich neues Leben gebäre,

gebe ich dem Tod seinen Weg vor.

Was durch mich das Licht der Welt erblickt,

wird von Mutter Erde wiederaufgenommen,

und zur Neugeburt in ein neues Licht geführt.

Meine Kraft ist das Gebären und Geben in Liebe,

die Kraft die einen Mann am meisten ängstigt.

Und doch harmoniere ich mit der Kraft des Mannes,

mehr als mit jeder anderen,

denn auch Er trägt ein Feuer in sich,

die Urflamme des Leben Gebens.

Was er mir gibt, gebiert sich durch meinen Schoss.

Ohne die göttliche Energie des Zeugens,

wird auch mir die Kraft der Geburt genommen.

Die Göttin kann Ihre Geschenke des Lebens,

nur durch die Gabe ihres Gottes in die Welt gebären.

Die Umarmung

Die Göttin sucht nicht nach ihrem Gott,

sie weiß, dass der Mann,

den Ihre Seele so hingebungsvoll liebt,

schon seit Urzeiten mit Ihr verbunden ist,

und die ihm innewohnende Göttlichkeit,

ihn zum richtigen Zeitpunkt zu Ihr führen wird.

Sie kann nicht suchen, was zu Ihr gehört,

und Ihre Wege seit Anbeginn kennt.

Vertrauen in diese uralte Verbindung,

in die Liebe zweier verbundener Seelen,

führt beide in die ersehnte Umarmung hinein.

Herzens-Weisheit

Das Geheimnis Ihrer Ausstrahlung,

ist die einfache Wahrheit,

dass Sie Ihre Gefühle als Heilig behandelt.

Sie stellt die Klugheit ihres Herzens,

über das Wissen Ihrer Gedanken.

Sie hört auf die Melodie Ihrer Seele,

nicht auf die Argumente Ihres Kopfes.

So strahlt Sie die Weisheit Ihres Herzens,

in jeder Bewegung nach außen.

Tanz der Liebe

Sie spielt deine Spiele nicht mit,

Sie hat Ihre eigene Bühne,

für die Show Ihres Lebens.

Sie nimmt deine Regeln nicht an,

um eine Figur deiner Pläne zu sein,

Sie führt selbst Regie in Ihrem Leben.

Sie wird sich nicht verbiegen,

um deine Aufmerksamkeit zu erringen,

denn Sie ist sich zu wertvoll,

um eine Kopie deiner Träume zu sein.

Sie wird immer nur sich selbst leben,

Ihre Gaben dem Leben schenken,

und Ihre Träume und Visionen demütig

doch kraftvoll ins Leben tragen.

Begegnest Du ihr mit dem Herzen,

berührst achtsam, liebevoll Ihre Seele,

wird Sie mit dir auf der Bühne der Liebe,

im endlosen Tanz eurer Herzen versinken,

dann wird Sie zur Erfüllung deiner Träume.

Geschenke

Was Sie einmal gegeben hat,

seien es Gefühle …

Unterstützung …

helfende Worte und Taten …

oder einfach Liebe,

wird Sie niemals gegenrechnen,

oder irgendwann zurückfordern.

Was Sie von ihr kam,

war von Herzen überreicht,

und nicht aus Berechnung.

Sie fordert keinen Ausgleich,

was Sie gibt, war ein Geschenk,

und bleibt dauerhaft bei dir.

7 Die erwachte Frau

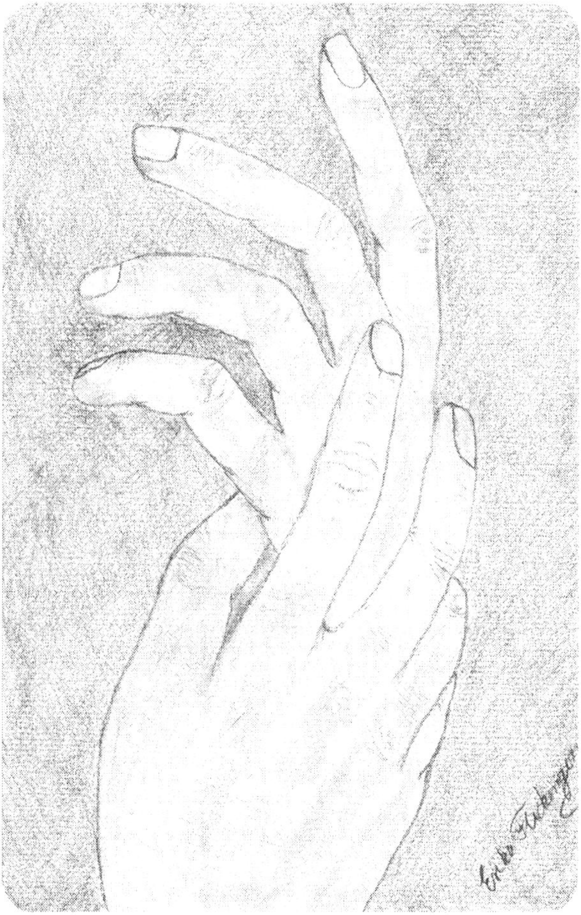

Alles vereint

Die erwachte Frau ist an ihrem Ziel angekommen,

in sich selbst … sie vereint alles in sich …

die weise Frau …

die Magierin

die Urfrau …

die Kriegerin …

die Schamanin …

die Göttin.

Sie lebt all dies und doch einzig sich selbst.

Die weise Frau hat sich selbst gefunden,

ruht in der Mitte all der Frauenbilder,

die Sie in all Ihren Leben durchschritten hat.

Sie hat gekämpft, gelitten geliebt, geboren,

und in all den Kämpfen vergangener Jahrhunderte

immer mehr zu ihrem wahren Kern gefunden.

Und hier in Ihrer Mitte steht Sie nun,

geborgen im Licht all Ihrer Liebe.

Hier im Zentrum Ihres Seins schaut Sie stolz

auf ihre Schwestern, auf die mutigen Frauen,

die den Pfad Ihrer wahren Bestimmung beschreiten,

wissend welch Schweren und manchmal Steilen,

aber erfüllenden Weg des Herzens sie gewählt haben.

Angekommen

Die erwachte Frau trägt jede Facette

ihrer Weiblichkeit mit Stolz und Demut.

Sie hat alles erfahren,

intensiv gelebt,

und zutiefst geliebt.

Es gibt keine Tiefe, die Sie nicht erforscht hat

und keine Höhe, die nicht erklommen hat.

Sie ist geflogen und gestürzt,

wieder aufgestanden doch beständig weitergegangen.

Sie hat den Weg der weisen Frau begonnen,

um die Magie ihres Lebens zu erkennen.

Mit der erwachten Kraft der Urfrau in sich,

lebte Sie diese in ihren Lebensplan hinein.

Im Laufe ihrer Inkarnationen

fand Sie die Kriegerin in sich wieder,

die Sie auf den Weg des Herzens führte,

hin zur weiblichen Göttlichkeit in sich.

Die erwachte Frau ist hier um sich zu vollenden,

ist auf Ihrer langen Reise alle Wege gegangen,

um am Ende anzukommen ... in sich selbst.

Sie urteilt nicht

Die erwachte Frau schreckt vor jenen zurück,

die für jeden und auf alles eine Antwort finden,

besonders aber vor denen die „Fehlerlos“ sein wollen.

Menschen, die beständig bedacht sind,

ihre Einzigartigkeit unter Beweis zu stellen,

und zu betonen, wie einfühlsam Sie doch seien,

wie genügsam und wenig selbstsüchtig sie leben,

sind ihr suspekt und Sie fühlt den Hilferuf,

hinter solchen Darstellungen der eigenen Person,

Tief in ihr erwacht ein gesundes Misstrauen,

wenn jemand niemals eigene Fehler eingesteht.

Und doch urteilt Sie nicht darüber,

denn andere, die noch auf ihrem Weg sind,

zu verurteilen ist der erste Schritt auf den Weg,

all dessen, was Sie niemals leben will.

Wie ein Ast im Wind

So veränderlich wie die Zeit,

so ist Sie stets im Wandel,

zeigt tagtäglich ihr Gesicht,

in immer neuen Ausdrücken.

So feststehen wie ein Baum,

tief und weitverwurzelt im Sein,

so lebt Sie ihre Visionen und Gefühle,

biegsam wie ein Ast im Wind,

doch stets der Wahrheit verpflichtet.

Gleichgewicht

Sie kennt Ihre Ängste und Schwächen sehr genau,

und lebt Sie bis in all ihre Tiefen aus.

Sie weiß, dass was Ihr Angst macht,

ist der Wegweiser in die Zukunft.

Dort wo Sie auf Ihrem Pfad zaudern möchte,

genau da liegt, ihre Chance zu wachsen.

Jede einzelne Schwäche lebt sie offen aus,

nimmt sie an und akzeptiert sie, um sie so

in eine unvergleichliche Stärke zu wandeln.

Es ist ihr bewusst, dass nur ein Geist,

der seinen Schwächen, den gleichen Platz einräumt,

wie den Stärken, sie beide annimmt und lebt,

einen unverwechselbaren Charakter erzeugt.

In den Abgründen geboren

Wie ein zur Ruhe gekommenes Gewässer,

dass unendlich in seinen Tiefen ist,

und doch nicht nur seine Oberfläche zeigt,

so lebt Sie ihr innen erkennbar nach außen.

Sie spiegelt nichts,

will keine Reflexion sein,

zeigt ihre Tiefen so sichtbar,

wie ihren inneren Frieden.

Das Einzige was Sie dir reflektiert,

ist Ihre Liebe zu sich und allem, was lebt.

Was in ihren Abgründen geboren wurde,

hat Sie in ihren dunklen Stunden gelebt,

ohne zu verdrängen oder zu verstecken,

als Teil Ihres Seins angenommen,

als Prüfung und Chance zum Wachstum erkannt,

durch ihr Erleben geläutert,

und in die Liebe getragen.

All dies, was Sie auf Ihren Wegen verinnerlichte,

darf als sichtbare Botschaft im Außen erscheinen.

Kompromisslos ehrlich lieben

Eine Frau, die liebt, wahrhaft liebt,

wird auch sich selbst,

in der gleichen Tiefe lieben.

Eine Frau, die liebt,

bis in jede Faser ihres Seins liebt,

wird deine Unehrlichkeit …

deine Lügen …

und deine Illusionen erkennen,

und sie gnadenlos entblößen.

Eine Frau, die wahre Liebe lebt,

wird sich keiner Täuschung hingeben,

keine Lügen leben wollen,

nur, um deine Liebe zu bekommen.

Eine Frau, die ehrlich liebt,

wird bis auf die Tiefe deiner Seele fühlen,

und dort deine Wahrheit

und deine Lügen finden.

Eine Frau, die liebt,

wahrhaftig von Herzen liebt,

wird trotz ihrer Liebe zu dir,

Nein zu Kompromissen sagen,

denn Sie liebt so rein,

dass Sie sich lieber mit

einem Ja zum Alleinsein belohnt,

ehe Sie sich zu deiner Option macht.

Eine Frau, die tiefgründig liebt,

will auf Augenhöhe mit dir stehen,

mitten in der Nacktheit eurer Seelen,

inmitten der strahlenden Ehrlichkeit,

von gegenseitigem tiefem Vertrauen …

dort wird Sie sich mit ihrer tiefen,

kompromisslos ehrlichen Liebe

bedingungslos an dich verschenken.

Dunkelheit und Licht

Nein … Sie spricht nicht nur von Licht und Liebe.

Sie zeigt dir, dass zum Licht auch Schatten gehören,

dass du nicht im Licht stehen kannst,

ohne, um dich herum deine Schatten zu zeichnen.

Sie hat das Leben erkannt, als das, was es ist,

ein Kreislauf von kommen und vergehen,

ein Balanceakt zwischen Hochgefühl

und Traurigem, zwischen Erfolg und Niederlage.

Sie lehrt dir, dass jene die nur Licht sehen wollen,

blind werden für die Wahrhaftigkeit des Lebens.

Sie vermittelt dir, dass nur heil werden kann,

wer das Licht für sich und die Welt annimmt,

ohne in dessen strahlender Helligkeit,

für die Wahrheiten des Lebens zu erblinden.

Sie lebt dir vor, die eigenen Schatten zu umarmen,

aber auch die Dunkelheit in der Welt zu erkennen.

Denn nur wer die Dunkelheit mit dem Licht vereint,

erkennt all die verborgenen Facetten des Lebens,

sieht das einzigartige Spiel von Licht und Schatten,

in dessen Vereinigung sich die Heilung verbirgt.

Dualseelen.org

erika-damme@hotmail.de

48211474R10080

Printed in Poland
by Amazon Fulfillment
Poland Sp. z o.o., Wrocław